...but I think
I Love Fall
Most Of All...

...but I think I Love Fall Most Of All...

...but I think I Love Fall Most Of All...

...but I think
I Love Fall
Most Of All...

...but I think
I Love Fall
Most Of All...

...but I think I Love Fall Most Of All...

...but I think
I Love Fall
Most Of All...

...but I think
I Love Fall
Most Of All...

...but I think I Love Fall Most Of All...

...but I think
I Love Fall
Most Of All...

...but I think I Love Fall Most Of All...

...but I think
I Love Fall
Most Of All...

...but I think I Love Fall Most Of All...

...but I think
I Love Fall
Most Of All...

...but I think
I Love Fall
Most Of All...

...but I think
I Love Fall
Most Of All...

...but I think
I Love Fall
Most Of All...

...but I think I Love Fall Most Of All...

...but I think
I Love Fall
Most Of All...

...but I think
I Love Fall
Most Of All...

...but I think
I Love Fall
Most Of All...

...but I think
I Love Fall
Most Of All...

...but I think
I Love Fall
Most Of All...

...but I think I Love Fall Most Of All...

...but I think
I Love Fall
Most Of All...

...but I think I Love Fall Most Of All...

...but I think
I Love Fall
Most Of All...

...but I think
I Love Fall
Most Of All...

...but I think I Love Fall Most Of All...

...but I think
I Love Fall
Most Of All...

...but I think I Love Fall Most Of All...

...but I think
I Love Fall
Most Of All...

...but I think
I Love Fall
Most Of All...

...but I think
I Love Fall
Most Of All...

...but I think I Love Fall Most Of All...

...but I think
I Love Fall
Most Of All...

...but I think
I Love Fall
Most Of All...

...but I think
I Love Fall
Most Of All...

...but I think
I Love Fall
Most Of All...

...but I think
I Love Fall
Most Of All...

...but I think
I Love Fall
Most Of All...

...but I think
I Love Fall
Most Of All...

...but I think I Love Fall Most Of All...

...but I think I Love Fall Most Of All...

...but I think I Love Fall Most Of All...

...but I think I Love Fall Most Of All...

...but I think
I Love Fall
Most Of All...

...but I think
I Love Fall
Most Of All...

...but I think
I Love Fall
Most Of All...

...but I think
I Love Fall
Most Of All...

...but I think I Love Fall Most Of All...

...but I think
I Love Fall
Most Of All...

...but I think
I Love Fall
Most Of All...

...but I think
I Love Fall
Most Of All...

...but I think
I Love Fall
Most Of All...

...but I think
I Love Fall
Most Of All...

...but I think I Love Fall Most Of All...

...but I think
I Love Fall
Most Of All...

...but I think
I Love Fall
Most Of All...

...but I think
I Love Fall
Most Of All...

www.ingramcontent.com/pod-product-compliance
Lightning Source LLC
LaVergne TN
LVHW012118070526
838202LV00056B/5777